TRANSLATION DE VOLTAIRE A PARIS,

ET DÉTAILS DE LA CÉRÉMONIE

QUI AURA LIEU LE 4 JUILLET.

Arrêtés par le Directoire du Département de Paris, sur le rapport de M. CHARRON, Officier Municipal Commissaire à la Translation.

Avant d'entrer dans la postérité, Voltaire avait mérité & reçu de ses Contemporains, le sur-nom de *Grand*. L'Assemblée Nationale qui devait à l'émulation un encouragement, & à la reconnaissance

A

publique un exemple, vient de confirmer le jugement de la Postérité.

En accordant aux mânes de Voltaire le tribut d'admiration, dont il était réservé à des hommes libres de s'acquitter, nous payons la dette de nos pères & nous méritons l'estime de nos neveux.

Que ceux qui prétendent que l'ingratitude est la vertu des républiques ; que les fanatiques, les intolérans & les superstitieux ne lisent point les détails de la Cérémonie touchante & solemnelle que nous méditons ; il n'appartient qu'aux Philosophes, formés par les leçons du philosophe de Ferney, aux amis de la Révolution Française, qui savent combien Voltaire l'a servi, à ceux qui pensent que les droits de l'homme ont leur initiative dans ces deux vers sublimes :

Les mortels sont égaux, ce n'est pas la naissance,
C'est la seule vertu, qui fait leur différence ;

c'est seulement à ceux-là qu'il appartient de sentir si la Nation est juste quand elle est reconnaissante.

Prouvons que ni le goût des arts, ni l'urbanité française n'ont déserté nos murs ; délassons la pensée de ce peuple qu'on calomnie chez nos voisins, par le spectacle nouveau que nous allons lui offrir ; prouvons que nous ne sommes pas ces hommes qu'on leur a dit être transformés en animaux féroces, parce qu'au milieu de vingt-quatre millions d'hommes il fe trouve un ou deux fcélerats qui, tous les matins, prêchent le crime & les affaffinats ; montrons enfin, par la fenfibilité, que nous fommes Français, & par la noble fimplicité de notre fête civique, que nous fommes libres & dignes de la Liberté.

RAPPORT

FAIT AU DIRECTOIRE DU DÉPARTEMENT DE PARIS.

Par M. CHARRON.

MESSIEURS,

La tranflation de Voltaire dans le Monument que vous avez demandé pour les grands hommes, vous eft confiée par un Décret de l'Affemblée Nationale. Choifi par le Corps Municipal pour les opérations relatives à cette tranflation avant qu'elle ne fût décrétée, j'ai cru qu'il était de mon devoir de vous rendre compte des mefures préliminaires que j'ai prises, afin que vous en approuviez ou que vous en rejettiez les dispositions.

M. Charles Villette, au nom d'un grand nombre de Citoyens, avait écrit à M. le Maire que l'Abbaye de Sellieres allait être vendue, & il demandait que la Ville de Paris fît la réclamation du corps de Voltaire qui était déposé auprès de cette Abbaye.

On me chargea, conjointement avec M. Cousin, de l'examen de cette Pétition, & quelque flattés que nous eussions été d'en faire promptement le rapport, par économie du temps, trop court pour les innombrables fonctions du Corps Municipal, nous tardâmes d'en parler.

Cependant l'Abbaye de Sellieres fut vendue; on se disputait la possession des restes de Voltaire, & le Maire de Romilly, ne pouvant plus résister aux sollicitations, me fit avertir, par un Courier extraordinaire, qu'ils allaient être dispersés, & qu'il n'y avait pas une minutte à perdre pour en faire la réclamation.

Dans cette circonstance, le Corps Municipal n'étant point assemblé, je crus devoir prendre sur moi d'adresser la lettre de M. le Maire de Romilly à M. le Président de l'Assemblée Nationale, & de présenter aussi à l'Assemblée une Pétition dont voici le contenu :

LETTRE à M. le Président de l'Assemblée-Nationale.

MONSIEUR LE PRÉSIDENT,

L'Abbaye de Sellières, située près de Romilly, Département de l'Aube, auprès de laquelle repose oublié le corps de Voltaire (1), vient d'être vendue. On vient de m'adresser une Lettre par laquelle on m'apprend que les Amis de la Constitution de Troyes en réclament la possession, & on y joint une délibération du

---

(1) Une chose digne de remarque, c'est que ce corps se soit conservé sain & entier. Lors de sa translation de l'Abbaye de Sellières dans l'église de Romilly, on l'a découvert, & les femmes & les enfans, loin de s'éloigner de ce cerceuil, y sont venus déposer des couronnes de fleurs, & des branches de laurier.

Conseil-général de la Commune de Romilly, par laquelle il est arrêté que les restes de Voltaire seront partagés.

Allarmé de ces dispositions, n'ayant pas le temps de demander la convocation du Corps Municipal, pensant que l'Assemblée-Nationale voudra payer à la mémoire de Voltaire le tribut de reconnaissance dont il reste à la Nation à s'acquitter, convaincu que la Ville de Paris, plus qu'aucune autre, a le droit de réclamer la possession de ce qui reste de ce Grand-Homme, j'ose vous supplier, M. le Président, de demander un Décret, par lequel il soit provisoirement ordonné que le corps de Voltaire sera transporté, sur-le-champ, dans l'église de Romilly, & confié à la garde & surveillance de la Municipalité dudit lieu, jusqu'à ce qu'il en ait été autrement ordonné.

J'aurai l'honneur de vous observer, M. le Président, que l'époque du 30 Mai, anniversaire de la mort de Voltaire, semble être désignée par l'opinion publique, pour être celle de sa translation dans le Panthéon Français. Ce jour, l'intolérance & le fanatisme exercèrent contre le Philosophe de Ferney, leur persécution; que pareil jour soit celui du triomphe de la Philosophie, de la Raison & de la Justice.

Je suis, avec respect,

Monsieur le Président, &c.

Cette Lettre, Messieurs, fut lue à la tribune, & couronnée du succès: la Municipalité de Romilly déclarée conservatrice du tombeau, & la deuxième partie de la Pétition, par laquelle je demandais que Voltaire fût déclaré avoir mérité les honneurs dus aux Grands-Hommes, renvoyée au Comité de Constitution.

Le lendemain du jour où le Décret fut rendu, je m'empressai d'en rendre compte au Corps Municipal, qui prit l'Arrêté suivant:

« Le Corps Municipal ayant entendu le Rapport fait par M. Charron, de la démarche par lui faite, hier matin, en présence de l'Assemblée-Nationale, pour en obtenir un

Décret, à l'effet de rendre la Municipalité de Romilly conservatrice, dans l'église de Romilly, du corps de Voltaire, jusqu'à ce qu'il en ait été autrement ordonné; »

» Considérant que l'époque du trente Mai, anniversaire de la mort de Voltaire, est celle désignée par l'opinion publique »;

» Approuve la démarche & la Lettre de M. Charron auprès du Corps Législatif »;

» Arrête qu'il sera chargé de poursuivre, auprès du Comité de Constitution, la suite de la Pétition qu'il a présentée à l'Assemblée-Nationale »;

» Et le charge de toutes les opérations préliminaires, & des correspondances auxquelles la translation de Voltaire pourrait donner lieu ».

» Signé, *Bailly*, Maire;

Dejoly, Secrétaire-Greffier.

C'est dans cet état de choses que prévoyant le Décret désiré, & voyant s'approcher l'époque de la translation désignée d'une manière positive par l'opinion publique; pressé ensuite par tous les amis des Lettres, les Sociétés savantes & patriotiques dont il fallait seconder & peut-être tempérer le zèle, & qui sans s'astreindre à d'autres régles que celles que leur dictaient & leur admiration & leur reconnaissance, brûlaient de faire en leur nom ce qu'il appartient à la Nation de faire, je sentis qu'il fallait s'occuper, à l'avance, du tems, du lieu & du mode de la cérémonie qui me semblait devoir être un triomphe.

Peut-être eussé-je tenu à cette seule idée d'un triomphe, si, d'un côté, je n'eusse craint que la pompe triomphale, en même-tems qu'elle pourrait n'exciter qu'un sentiment stérile, ne rendait pas l'idée juste de la translation de Voltaire, décrétée par l'Assemblée Nationale; & je me persuadai que me renfermant dans le Décret, il fallait à la fois que l'aspect de la dépouille mortelle excitât le seul sentiment qu'elle doit inspirer, le regret; & que celui de la statue qui lui est élevée, le tableau des ouvrages & des actions qui lui ont mérité l'immortalité, excitassent l'admiration, la reconnaissance, & consolassent de sa perte.

C'est dans ce cercle d'idées que j'ai circonscrit les plans dont vous verrez, Messieurs, la simplicité, & dont la facile exécution ne peut ni ne doit être dispendieuse.

Il paroîtrait utile de fixer l'époque de la translation au Lundi 4 Juillet. Ce mois a bien des droits à notre prédilection; & en rapprochant de la commémoration de la Fédération Françaife la solemnité d'une reconnaissance Nationale, nous appellons dans nos murs un plus grand concours de Français & d'Etrangers qui s'empresseront d'assister aux deux Cérémonies.

J'ai pensé qu'il n'était pas possible de seconder les intentions religieuses de quelques zélés amis des Lettres qui voulaient apporter sur leur bras le cerceuil de Voltaire ! j'ai cru qu'un char de forme antique conviendrait davantage à la Cérémonie. J'ai soumis cette idée à un artiste avantageusement connu dans les arts (1), qui l'a développée, embellie, & a fait le dessin de ce char dont je dois, Messieurs, vous faire une courte description.

---
(1) M. Cellerier.

„ Le

Description du Char National.

« Le char soutenu sur quatre roues de bronze de forme antique, sera traîné par quatre chevaux blancs, de front, presque nuds, & caparaçonnés d'une simple draperie brodée aux couleurs Nationales.

« Le plateau porte un sarcophage de porphire, élévé sur trois marches, dans lequel sera renfermé le cercueil. Sur ce sarcophage est placé un lit antique sur lequel Voltaire est étendu dans l'attitude du sommeil. A ses côtés est une lire brisée, & derrière le chevet est placée une figure symbolique de l'immortalité, posant sa couronne d'étoiles sur la tête de Voltaire.

B

Quatre génies tenant des flambleaux renversés & dans l'attitude de la douleur, ornent les faces latérales, & quatre masques scéniques décorent les quatres angles du couvercle du sarcophage ; tous ces ornemens sont en bronze, & liés par des guirlandes de laurier.

Sur la face de devant on lit ces mots :

« AUX MANES DE VOLTAIRE.
» L'ASSEMBLÉE NATIONALE A DÉ-
» CRÉTÉ LE 30 MAI 1791, QU'IL
» AVAIT MÉRITÉ LES HONNEURS DUS
» AUX GRANDS HOMMES. »

Sur la face opposée, on lit cette grande pensée initiative de la Constitution Française.

Les mortels sont égaux, ce n'est pas la naissance ;
C'est la seule vertu, qui fait leur différence.

Sur une des faces latérales :

        Il faut aimer les Loix;
Il faut en être efclave, en porter tout le poids;
Qui veut les violer, n'aime pas fa Patrie.
                   (BRUTUS.)

Enfin une large draperie de velours bleu, parfemée d'étoiles d'or, avec des franges & des crépines aux couleurs nationales, ornera les deux côtés du char. (1)

Tout ce qui le précéde, ainfi que vous allez le voir, eft févère. Ce n'eft point l'affliction, c'eft le recueillement que doivent provoquer

---

(1) Un charriot recouvert totalement d'un voile bleu, parfemé d'étoiles peintes en or, fervira pour la route depuis Romilly, jufques aux portes de Paris.

& l'enſemble de la Cérémonie & les ſons d'une muſique large, mélodieuſe, qui n'a rien de déchirant.

Ce qui ſuit conſole la penſée, éveille l'eſpérance, enflâme l'émulation : ce ſont les Muſes, les Arts, qui célébrent l'apothéoſe de leur Patriarche; de jeunes filles, des enfans vêtus de blanc, précédent la ſtatue que les Arts viennent lui élever. Des chœurs de Muſiciens célèbrent le Philoſophe; des inſcriptions annoncent, juſtifient devant le peuple les honneurs qui lui ſont rendus.

Voilà, Meſſieurs, ce que, courbés ſous le joug, nous n'avons jamais vus; mais ce que, devenus libres, tolérans, philoſophes, nous devons voir.

Rappellons, s'il se peut, au milieu d'un Peuple, dont les mœurs, à l'exemple des loix, ont besoin d'être régénérés. Rappellons, avec les fêtes, les mœurs antiques & sévères des Nations libres. Assurément, ce spectacle vaut bien ceux qu'offraient certaines cérémonies ridicules que le fanatisme & la grossiereté ont imaginées, & que, grâces à nos Législateurs & aux lumières du siécle, nous verrons s'effacer dans l'oubli.

Vous penserez, sans doute, Messieurs, qu'il sera nécessaire d'envoyer un Commissaire à Romilly. Sa présence m'a paru indispensable ; il correspondrait directement avec M. le Procureur-général-Syndic, auquel

B 3

il rendra compte de toutes ſes opérations, des ordres qu'il aurait pû donner, & avec M. le Maire de Paris, pour tout ce qui concernera la ſurveillance d'exécution dans l'intérieur de la Capitale.

M. le Procureur-général-Syndic, averti par le Commiſſaire, du lieu, de l'heure de ſon arrivée à Paris, irait recevoir le cortége aux limites du Département. M. le Maire & les Officiers Municipaux, ſe tranſporteraient aux limites de la Municipalité. La Garde-Nationale viendrait auſſi au-devant du cortége, & l'amènerait ſur les ruines de la Baſtille.

Deux motifs ont déterminé le choix de ce lieu.

Il a paru convenable, puisque la cérémonie ne pouvait avoir lieu le soir, attendu la longueur du temps qui doit y être consacré, de déposer le cercueil sur les ruines de la Forteresse où Voltaire fut deux fois enfermé.

Ensuite la proximité du boulevard, sur lequel se rassembleront les diverses députations le lendemain matin, a paru mériter de la considération.

J'observe aussi, Messieurs, que l'arrivée à Paris n'exige point de cérémonial; que l'affluence du public, à la Bastille, ne sera pas considérable, parce que la curiosité ne serait pas satisfaite; c'est le lendemain seulement que commence la cérémonie.

Le cercueil sera déposé, sans pompe, au milieu d'une barrière de bois, environnée de peupliers, & confié à la garde des Citoyens armés, & le lendemain il sera enfermé dans le sarcophage, en préfence de M. le Procureur-général-fyndic & des Commiffaires de la Municipalité.

Les diverfes députations, dont il fera ci-après parlé, fe rendront fur le boulevard S.-Antoine, aux places qui feront indiquées à chacunes d'elles.

Quarante-huit maîtres de cérémonie, choifis parmi MM. les députés des Sections, vêtus d'habits rouges, & ayant au bras un ruban aux couleurs de la Nation, dirigeront les groupes, qui leur feront affectés, de concert avec les Officiers de la Garde-Nationale.

Ordre du Cortège.

Un détachement de Cavalerie, avec ses Trompettes.

Le bataillon des Enfans.

La députation des Collèges.

Corps de Musique.

Députation des Clubs & Sociétés patriotiques.

Tambours.

Cent quatre-vingt-douze députés des Sections, à raison de quatre députés par chacune d'elle, qui, dans ses quatre députés, choisira le maître de Cérémonie. Ces quarante-huit

Officiers se rendraient les premiers sur le boulevard, aux indications qui leur seront données.

Musique.

Les Artistes.

La famille de Voltaire, c'est-à-dire, les Gens – de – Lettres. Les Académies, Licée, &c., &c., qui marcheront, sans autre préséance que celle de leur arrivée.

Musique & Tambours.

Les quarante-huit Juges de paix.

Les Tribunaux & leurs Huissiers.

Députés de l'Assemblée électorale.

Députation de l'armée Parisienne.

Le Conseil général de la Commune.

Le Département & ses Huissiers.

Gardes de la Prevôté.

Ministres du Roi.

Gardes de la Prevôté.

Députés du Corps législatif.

Grand corps de Musique.

Le char traîné par quatre chevaux blancs, conduits par deux Citoyens.

Le Procureur-général-syndic & le Commissaire à la translation.

Tambours.

Les Vétérans.

Musique.

Grouppe d'Artistes.

Députation des Théâtres, sans autre préséance que celle de l'arrivée des députés.

Troupe de femmes vêtues de blanc, ayant une couronne de roses sur la tête, une ceinture bleue, &

portant des guirlandes & des couronnes.

Groupes de jeunes-gens, élèves des Arts, portant des enfeignes & des lyres, fur lefquelles feront écrites des penfées de Voltaire.

Chœurs de Muficiens, chantant des ftrophes d'une Hymne à Voltaire.

Groupe d'Artiftes, enveloppant la ftatue de Voltaire, portée par quatre hommes (1).

Des petits chars de forme antique dont quelques Citoyens veulent faire

---

(1) M. Houdon a voulu payer fon tribut aux mânes de Voltaire, & il a dit : Et moi auffi j'apporterai mon offrande, & il a fait cette ftatue de Voltaire dont il vient embellir fon triomphe. Les modéles de l'Académie devraient porter la ftatue.

les frais, & dans lefquels feront des femmes & des enfans, vêtus de blanc.

Corps de Cavalerie, fermant la marche.

De droite & de gauche, & en file, des Gardes-Nationaux.

MARCHE DU CORTÈGE.

Le Cortège partira du boulevard S.-Antoine, fuivra les boulevards, jufqu'à la place Louis XV; le quai des Tuileries; le Pont-Royal; le quai Voltaire : ftation devant la maifon de M. Charles Villette, où Voltaire eft mort & fon cœur dépofé. Le Cortège fuivra le quai Voltaire, les rues Dauphine, de la Comédie

& du Théâtre-Français. Station dans la place, devant le temple de Melpomène. La rue des Foffés M. le Prince; la place S.-Michel; la rue S.-Hyacinte; la porte S.-Jacques; la place du Panthéon Français.

Le char fera conduit à la principale entrée du Monument. Station dans la place, pendant laquelle les chœurs de Muficiens chanteront des ftrophes de l'Hymne à Voltaire.

M. le Procureur-Général-Syndic du Département, & le Commiffaire à la tranflation, feront placer, en leur préfence, le cerceuil fous la coupole du Panthéon. Il fera enfuite tranfporté, à bras, par l'une des petites portes, dans l'ancienne Eglife.

Ici, Messieurs, je dois vous soumettre une observation. En attendant que l'édifice que vous avez demandé à la reconnoissance de la Patrie, soit entièrement achevé, on déposera le cercueil dans le caveau de l'ancienne Église; ne vous paraîtrait-il pas plus convenable, au contraire, d'en tirer les restes de l'Homme extraordinaire dont j'ose à peine ici prononcer le nom célébre, & de les réunir à ceux de Voltaire, pour les exposer dans un lieu apparent de l'église de Ste-Géneviéve? Ne devons-nous pas à la mémoire de nos Grands-Hommes d'exposer leurs dépouilles mortelles aux regards du Public? Je vous soumets cette idée, Messieurs, avec d'autant plus de confiance, que déjà ce vœu a été plusieurs fois exprimé.

Tel est, Messieurs, le compte qu'il étoit de mon devoir de vous rendre; c'est à vous qu'il appartient de décider si les mesures que j'ai prises peuvent remplir vos vues, & si je me suis suffisamment pénétré de cette idée, que c'est un Peuple libre qui décerne à un Grand-Homme les honneurs qu'il a mérités.

Si le plan que je viens vous soumettre n'obtenait point votre approbation, j'aurais du moins l'honneur de l'avoir entrepris; & mon zéle trouverait sa récompense dans le sujet qui l'aurait excité.

ARRÊTÉ

ARRÊTÉ

DU DIRECTOIRE

DU DÉPARTEMENT DE PARIS.

Extrait des Regiſtres des Délibérations du Directoire, du 4 Juin 1791.

M. Charron, Officier Municipal, a repréſenté au Directoire qu'avant le Décret de l'Aſſemblée Nationale, du 8 Mai dernier, & ſanctionné le 15, qui ordonne que le corps de Voltaire ſera transféré de l'Egliſe de l'Abbaye de Sellières dans l'Egliſe paroiſſiale de Romilly, ſous la ſurveillance de la Municipalité dudit lieu, il avait été chargé par la Municipalité des opérations préliminaires à la tranflation de Voltaire ; il a rendu compte au Directoire du travail qu'il avait préparé à ce fujet, & dans lequel il embraffe tous les détails de l'entrée triomphale de Voltaire dans Paris, & de la Fête Nationale qui pourrait avoir lieu à cette occafion.

Le Directoire, approuvant le plan & les mefures qui lui ont été foumifes, nomme M. Charron pour continuer, en qualité de fon Commiffaire fpécial, les foins qu'il s'eft déjà donnés à cet égard. Il fixe le jour de la Fête au Lundi 4 Juillet, & charge la Municipalité de prendre toutes les précautions d'ordre & de police qu'une telle circonstance rend nécessaires dans Paris.

Signé, ANSON, Vice-Président;
B L O N D E L , Secrétaire.

Pour Copie conforme à l'original.
B L O N D E L , Secrétaire.

A V I S

Aux différentes Députations qui doivent assister à la Translation.

SI les phrases compassées des Lettres d'invitation subsistaient encore, il faudroit les supprimer pour une Fête Nationale, à laquelle le zèle seul doit appeler les Citoyens; la publicité de ce rapport & son envoi aux Sociétés patriotiques, Savantes, Littéraires, &c. doit être la seule manière de les inviter à envoyer des Députations.

Le départ du Commissaire à la Translation est fixé du 20 au 23. Tous ceux qui auraient des renseignemens à demander sur la Cérémonie, les sauront de M. Cellerier, qui s'est chargé de les donner.

M. le Procureur-Général-Syndic du Département de Paris recevra, du Commissaire, tous les détails qu'il doit lui communiquer sur le moment, l'heure & le lieu de fon arrivée aux portes de Paris, & les détails feront rendus publics par la voie des Journaux.

De l'Imprimerie de LOTTIN l'aîné, & J.-R. LOTTIN, Imprimeurs de la MUNICIPALITÉ rue S.-André-des-Arcs, n° 27.